Para Ian - M. B.

Para todos los curiosos – C.W.

Título original: *My big book of questions about the world*
Traducción del inglés: Alejandra Freund

Publicado por primera vez en el Reino Unido en 2022 por Walker Books Ltd, 87
Vauxhall Walk, Londres SE11 5HJ

Dirección editorial: Berta Márquez
Edición ejecutiva: Teresa Tellechea
Coordinación editorial: Elena Gómez y Teresa Tellechea

ISBN: 978-84-1182-174-2
Depósito legal: M-30824-2023
Impreso en China / *Printed in China*

MI PRIMER LIBRO DE
LA TIERRA

Moira Butterfield

Ilustrado por Cindy Wume

sm

Constantemente, se nos ocurren preguntas sobre la Tierra y el cielo.

¿POR QUÉ?

¿CÓMO?

¿QUÉ?

¿DÓNDE?

NUESTRO MUNDO

¿QUÉ ES LA TIERRA?

La Tierra es un planeta formado por agua y roca que flota
en el espacio. Se parece a una canica azul y verde.
La Luna es como un guijarro gris que da vueltas a su alrededor.

La Tierra es nuestro hogar.

¿CÓMO ES LA TIERRA POR DENTRO?

La Tierra está formada por capas, como un helado recubierto de chocolate y relleno de caramelo.

Tiene una gruesa capa exterior que se llama corteza terrestre. Sobre esta capa vivimos nosotros.

Bajo la corteza está el manto. Este tiene una capa de roca tan caliente que su parte inferior está fundida y es líquida, como una salsa muy espesa. También en el manto, debajo de esa capa de roca hay otra capa de metal tan caliente que es como un líquido viscoso.

En el centro de la Tierra está el núcleo, una enorme bola de metal que está a temperaturas altísimas, así que, probablemente, el centro de la Tierra brilla.

CORTEZA
corteza terrestre
roca caliente

MANTO
roca fundida
y en estado líquido

metal fundido
y en estado líquido

NÚCLEO
metal en estado
sólido

¿QUÉ FORMA TIENE LA TIERRA?

La Tierra es redonda, pero no como una pelota. Tiene los polos achatados y es más ancha en el centro, como una uva. Si fueras un gigante y tocases la Tierra con los dedos, sentirías los relieves de las altas montañas, los valles profundos, las llanuras y los ríos serpenteantes.

¿CÓMO ES DE GRANDE LA TIERRA?

Para dar una vuelta completa a la Tierra, se tardaría
unos dos días en hacerlo en avión, menos de un mes
yendo en coche, y años caminando.
¡Tantos pasos y tanto que ver!

La línea imaginaria que divide en dos la Tierra se llama ecuador,
y mide 40.075 kilómetros

40.075 kilómetros

¿A QUÉ DISTANCIA ESTÁ LA LUNA?

La Luna, el satélite de la Tierra, no es un planeta.
Es nuestra vecina, pero está muy lejos, a cientos
de miles de kilómetros. Si viajaras en una nave
espacial muy veloz, tardarías tres días en llegar,
y si pudieras ir en coche, tardarías seis meses
sin hacer ninguna parada.

A veces, cuando la Luna brilla y se refleja
en el agua, parece como si hubiera caído del cielo
y flotara a tus pies.

La Luna es rocosa y tiene mucho polvo. Las manchas oscuras que se ven a veces
desde la Tierra son zonas de rocas muy oscuras.

LA TIERRA QUE NOS RODEA

¿CUÁL ES LA MONTAÑA MÁS ALTA?

El monte Everest es la montaña más alta de la Tierra.

Es un lugar imponente, muy frío, con muchos riscos y precipicios y siempre cubierto de nieve.

Su cima es tan alta que los aviones pasan muy cerca de ella.

El Everest tiene 8.848 metros de altitud. Si estuvieras en su cima, verías muchas montañas alrededor que se extienden hasta el horizonte. Todas ellas forman la cordillera del Himalaya.

¿DÓNDE ESTÁ EL BOSQUE MÁS GRANDE?

El bosque boreal es el más grande de la Tierra. Se extiende a lo largo de muchos kilómetros, como una inmensa cinta de abetos que envuelve el extremo norte de nuestro planeta.

En él viven osos, alces, ciervos, búhos, zorros, liebres y lobos.

¿CUÁL ES EL LUGAR MÁS CÁLIDO?

El valle de la Muerte es el punto más cálido del planeta. Allí hace tanto calor que da la sensación de estar en un horno.

Si te quedaras de pie sobre su suelo de rocas áridas, el aire caliente flotaría a tu alrededor, haciendo que vieras todo un poco borroso.

El valle de la Muerte está en California, Estados Unidos. Pese a su clima tan caluroso, allí viven pájaros, serpientes, la tortuga del desierto y unas ovejas de cuernos curvados.

¿CUÁL ES EL LUGAR MÁS FRÍO?

La Antártida es el lugar más frío de la Tierra.
Está en su extremo sur.

Allí hace mucho más frío que dentro de una nevera.
Si fueras con la ropa que normalmente usas,
enseguida te congelarías.

Si fueras al Polo Norte, estarías en el Ártico, en el punto más boreal del planeta.
Si fueras al Polo Sur, estarías en la Antártida, en el punto más austral del planeta.

¿QUÉ HAY BAJO TIERRA?

El sustrato, donde viven gusanos, lombrices y muchos otros animales; raíces de plantas, que se expanden como redes subterráneas, y piedrecitas muy pequeñas. También hay tramos de roca tan grandes que los llamamos lecho de roca.

Tuberías que transportan mucha agua.

Joyas perdidas

Restos de huesos y fósiles

Cables por los que se transmite la electricidad.

Tesoros enterrados

Restos de porcelana

Oro y plata

¿QUIÉN VIVE EN EL POLO SUR?

Los pingüinos viven cerca del Polo Sur y los osos polares viven cerca del Polo Norte, pero no hay pingüinos en el Ártico ni osos polares en la Antártida.

Los pingüinos soportan los vientos extremos del Polo Sur.

Los osos polares se mueven entre los témpanos de hielo que flotan en el Polo Norte.

Hay animales en todas partes, incluso en las selvas más densas y frondosas.

EL MAR

¿QUÉ ES EL MAR?

El mar es una extensión inmensa de agua salada que ocupa una gran parte de la superficie de la Tierra. Sus aguas llegan hasta playas y acantilados y fluyen entre las rocas.

El agua también fluye entre los dedos de tus manos y pies cuando te metes en el mar.

En nuestros mapas, los mares del mundo se dividen en cinco grandes océanos:

el Ártico, el Antártico, el Pacífico, el Atlántico y el Índico.

¿QUÉ ES UNA OLA?

Una ola es agua de mar que avanza con la marea, moviéndose arriba y abajo, como si ondulara.

Cresta de la ola antes de romper en la orilla.

Cuando sopla el viento, las olas crecen.

El viento impulsa el agua y se forman olas en la superficie del mar. El tamaño de las olas varía: hay olas pequeñas y suaves, olas grandes y olas inmensas y muy fuertes. Se forman, crecen, se curvan y se rompen al chocar con la costa.

La ola más grande que se ha surfeado tenía 24 metros de altura: era tan alta como un bloque de pisos.

28

¿POR QUÉ EL MAR ES SALADO?

La sal marina proviene de las rocas. El agua choca con ellas,
las golpea, las roza, las agrieta y las deshace lentamente.

La sal de las rocas se mezcla con el agua y esta se vuelve salada. Si nadas en el mar,
seguramente podrás notarla en la lengua. ¡Es el sabor del océano!

El agua de río también contiene un poco de sal, pero no la suficiente como para percibirla.

Todos los ríos desembocan en los mares, llevando consigo su sal.

Por eso, los mares están más salados.

¿QUIÉN VIVE EN EL MAR?

En el mar hay muchísimos animales que nadan, aletean,
se deslizan o se propulsan bajo el agua.

pez estandarte

pez payaso

escualo

pez cerdo

raya

sepia

pez dragón

pez gato

pez mantequilla

pez de hielo

pez loro

pez joya

medusa

pez-mano rojo

pez cofre
cornudo

diablito
espinoso

pez payaso
tomate

pintano

pez sapo

pez payaso de cola
amarilla

pez árbol

pez cebra

anjova o pez azul

Estos son solo algunos peces.
¿Conoces otros peces y animales marinos?

31

¿QUÉ HAY EN EL FONDO DEL OCÉANO?

El fondo del océano no es igual en todas partes. En algunas zonas hay arrecifes de coral, donde viven muchos peces; otras tienen fondos rocosos y llenos de algas, donde se esconden los cangrejos. En zonas abisales, el lecho marino es fangoso o arenoso y nadan peces cuyas luces parpadeantes iluminan la oscuridad; también hay fosas muy profundas y montañas que son tan altas como las de la superficie de la corteza terrestre.

El punto más profundo del océano es la fosa de las Marianas.
Es tan profunda que el monte Everest cabría dentro de ella.

LAS PLANTAS

¿CUÁNTAS TIPOS DE PLANTAS EXISTEN?

Hay miles de plantas diferentes: lisas, con pinchos, olorosas, con rayas, moteadas, pegajosas, con frutos...

Conocemos casi 400.000 especies de plantas, pero seguramente
haya muchas más que todavía no hemos descubierto.

¿QUÉ COMEN LAS PLANTAS?

Las plantas generan su propio alimento, pero para ello hacen falta algunos ingredientes, como los que necesitarías tú si tuvieras que hacer una tarta.

1. Las hojas captan la luz del sol y los gases que hay en el aire.
2. Sus raíces absorben el agua y los nutrientes minerales que hay en el suelo.

Una vez tiene todo lo que necesita, la planta genera un alimento especial para plantas con azúcares y agua que le permite crecer, crecer... ¡y crecer!

Las plantas siempre nos están ayudando a respirar. Mientras preparan su comida, generan un gas, el oxígeno, y lo envían al aire. Las personas necesitamos el oxígeno cuando tomamos aire, ¡así que, al respirar, da las gracias a las plantas!

dióxido de carbono (CO_2)

oxígeno (O_2)

agua + minerales

¿PARA QUÉ SIRVEN LAS FLORES?

Las flores generan semillas, que caen a su alrededor para que algún día crezcan y se conviertan en nuevas plantas. Algunos animales ayudan, como esta abeja.

néctar y polen

1. La flor segrega un líquido llamado néctar. También produce pequeños granos de polen.

2. Cuando la abeja se acerca para libar el néctar, se le adhiere el polen.

3. La abeja vuela a otra flor y el polen cae.

4. Para producir semillas, las flores deben recibir el polen de otras flores similares.

Al transportar el polen de un lado a otro, la abeja realiza una función muy importante: la polinización.

También hay pájaros, murciélagos y mariposas que llevan el polen de una flor a otra.

¿CUÁL ES LA PLANTA MÁS GRANDE?

Los árboles son las plantas más grandes.
Algunos son tan altos como edificios de oficinas.
Para llegar a sus copas necesitarías equipamiento
de escalada, como si fueras a ascender una montaña.

El árbol más alto que conocemos es una secuoya roja
de California, en Estados Unidos, que mide
más de 115 metros de altura. La llaman Hyperion,
como el titán de la mitología griega.

El árbol más grande es una secuoya
gigante de California. Lo llaman
General Sherman y no es el más alto
ni el más ancho, pero sí el más pesado:
pesa cerca de 1,9 millones de kilogramos,
el equivalente a unos 130 camiones grandes.

¿CUÁL ES LA PLANTA MÁS PEQUEÑA?

La lenteja de agua es la planta más pequeña.
Cada una de sus hojas es más pequeña
que un grano de arroz.

Verás muchas de ellas en los lagos:
se extienden como una alfombra
sobre el agua. Los patos sumergen
el pico para comérselas.

¿POR QUÉ A VECES LAS HOJAS CAMBIAN DE COLOR?

En otoño e invierno, a muchos árboles se les caen las hojas.
Unos meses más tarde, en primavera, les brotan hojas nuevas.
A medida que las hojas se van secando, pasan de los tonos verdes
que tienen en primavera y verano a tonos anaranjados y amarillos.
Por eso crujen cuando las pisas: porque están secas.

LOS ANIMALES

¿CUÁNTOS ANIMALES HAY?

En el mundo existen tantos animales que es imposible contarlos todos, pero sí sabemos qué tipos de animales hay:
reptiles, como las serpientes;
insectos, como las abejas;
peces, como los tiburones;
aves, como los búhos,
y mamíferos, como nosotros.
Existen muchos otros tipos
de animales, como los moluscos,
los anfibios y los gusanos.
¿Cuántos tipos de animales ves aquí?

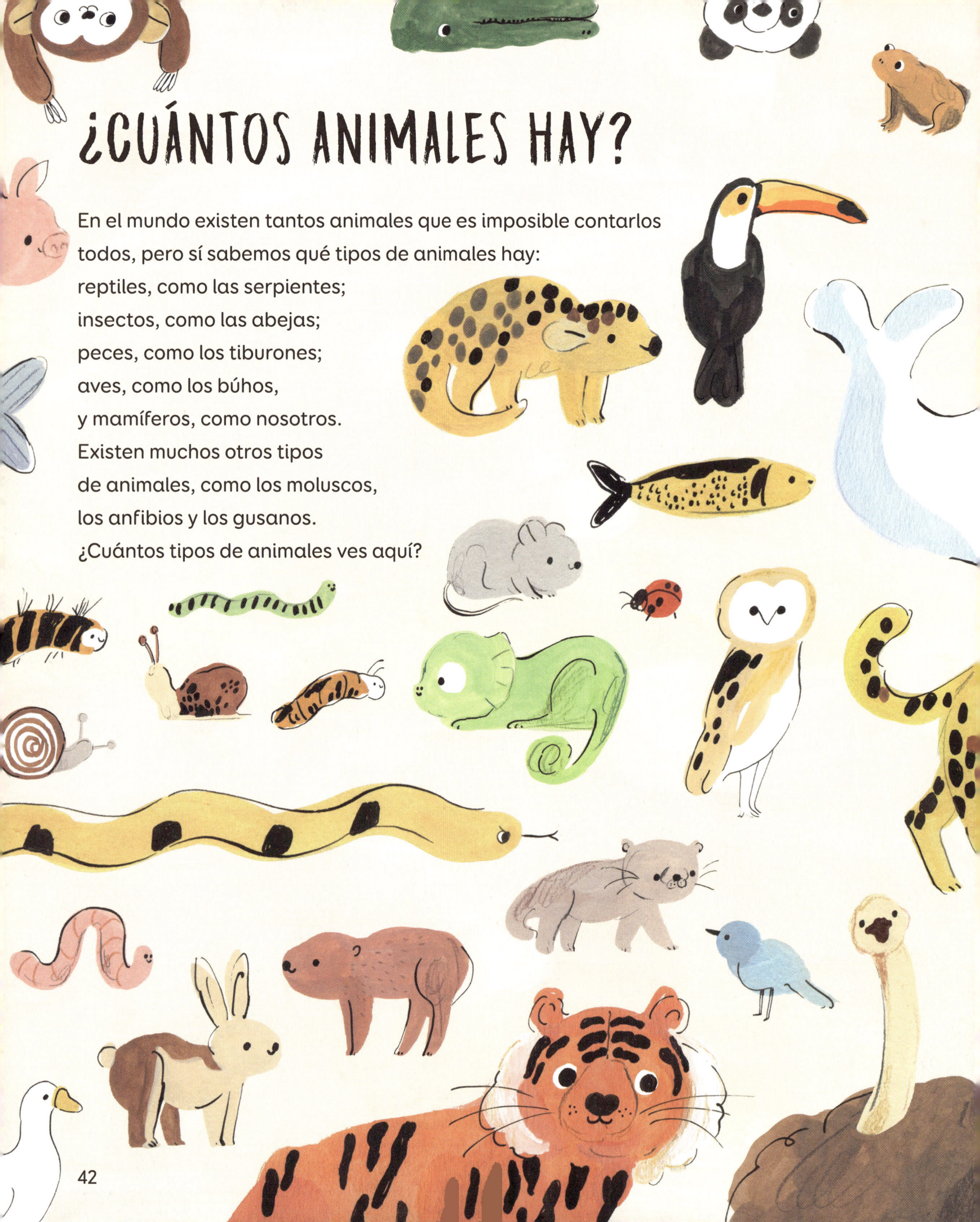

Se cree que hay unos 8 millones de especies de animales,
aunque no se sabe con certeza.

¿QUÉ HACEN LOS ANIMALES DURANTE EL DÍA?

Unos buscan comida;
otros construyen sus guaridas o nidos;
muchos cuidan de sus crías;
algunos descansan y se despertarán por la noche;
otros saltan, vuelan, nadan...
Y uno está leyendo este libro.

44

¿DUERMEN LOS ANIMALES?

Todos los animales necesitan descansar.

El hámster duerme en su nido.

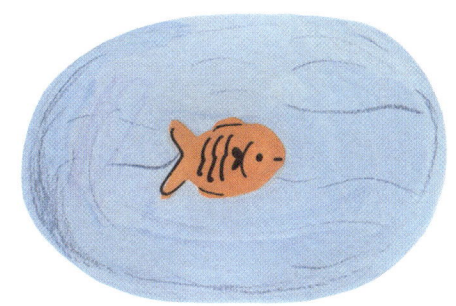

El pez duerme mientras nada.

El zorro descansa en su madriguera.

El caballo no se tumba para dormir.

Los murciélagos duermen boca abajo.

Tú duermes en tu cama.

zzzzz

Los koalas son los animales más dormilones: solo están despiertos unas dos horas al día.

45

¿LOS ANIMALES HABLAN?

Los animales se comunican entre sí
de muchas formas distintas.

Los koalas emiten
un sonido parecido
a un eructo.

Muchos pájaros pían,
pero los avestruces chillan.

Los delfines silban
y emiten chasquidos.

¡Hííí!

¡Hííí!

Los cocodrilos emiten un sonido parecido a un ronquido.

¿JUEGAN LOS ANIMALES?

Muchos animales juegan, sobre todo cuando son pequeños.

Los corderos brincan
y dan coces.

Los cachorros
de perro
se pelean.

Los gatitos ruedan
por el suelo.

Los potros
galopan.

Nada es más divertido que agarrar
a otro por la cola, dar golpecitos
a un palo o fingir pelear sin hacerse daño
y, al final, seguir siendo amigos.

¿CUÁL ES EL ANIMAL MÁS GRANDE?

La ballena azul es tan larga como cinco elefantes africanos en fila o dos autobuses grandes. No ha existido un animal más grande, ni siquiera los dinosaurios.

Las ballenas azules nadan por los océanos de todo el mundo. Se comunican entre ellas a través del agua, emitiendo un sonido más fuerte que el de un avión, y pueden oírse unas a otras a cientos de kilómetros.

¿CUÁLES SON LOS ANIMALES MÁS PEQUEÑOS?

La microfauna

Son animales tan pequeños como motas de polvo, que flotan en el agua o se deslizan por la tierra. Parecen gambas o arañas diminutas, o seres raros con cabezas puntiagudas, patitas y colas.

La microfauna es tan pequeña que necesitas un microscopio para poder verla.

Hay millones de variedades diferentes, pero nadie sabe cuántas exactamente.

49

¿CÓMO SE LLAMAN LAS CRÍAS DE LOS ANIMALES?

La cría de ave
se llama polluelo.

La cría de elefante no tiene un nombre específico.

La cría del oso
se llama osezno.

La cría de puercoespín, como
la del elefante, no tiene un nombre
específico. Es, simplemente,
la cría de puercoespín.

LAS PERSONAS

51

¿CUÁNTAS PERSONAS HAY EN EL MUNDO?

En la Tierra viven 8.000 millones de personas. Si todos nos diéramos la mano y nos pusiéramos en fila, daríamos la vuelta al planeta varios cientos de veces.

¿POR QUÉ CADA PERSONA TIENE UN ASPECTO ÚNICO?

Los seres humanos somos muy distintos entre nosotros: tenemos muchos tipos diferentes de estaturas, tamaños, color de piel, caras, cabellos, ropa y maneras de hablar.

Somos como los colores en un cuadro: precisamente porque somos todos distintos, ¡en conjunto somos increíbles!

¿CÓMO NOS SALUDAMOS LAS PERSONAS?

En el mundo hay cerca de 6.500 idiomas: ¡un montón de formas de decir «Hola»!

HI

Hej

Hola

SELAMAT PAGUI

Privet

¿DE QUÉ ESTÁ COMPUESTO EL CUERPO HUMANO?

El cuerpo humano está formado por los huesos, que le dan forma (si no, parecería de gelatina); la piel, que lo cubre y envuelve; órganos como el corazón, que bombea la sangre a todas las partes del cuerpo, y el cerebro, que sirve para pensar...

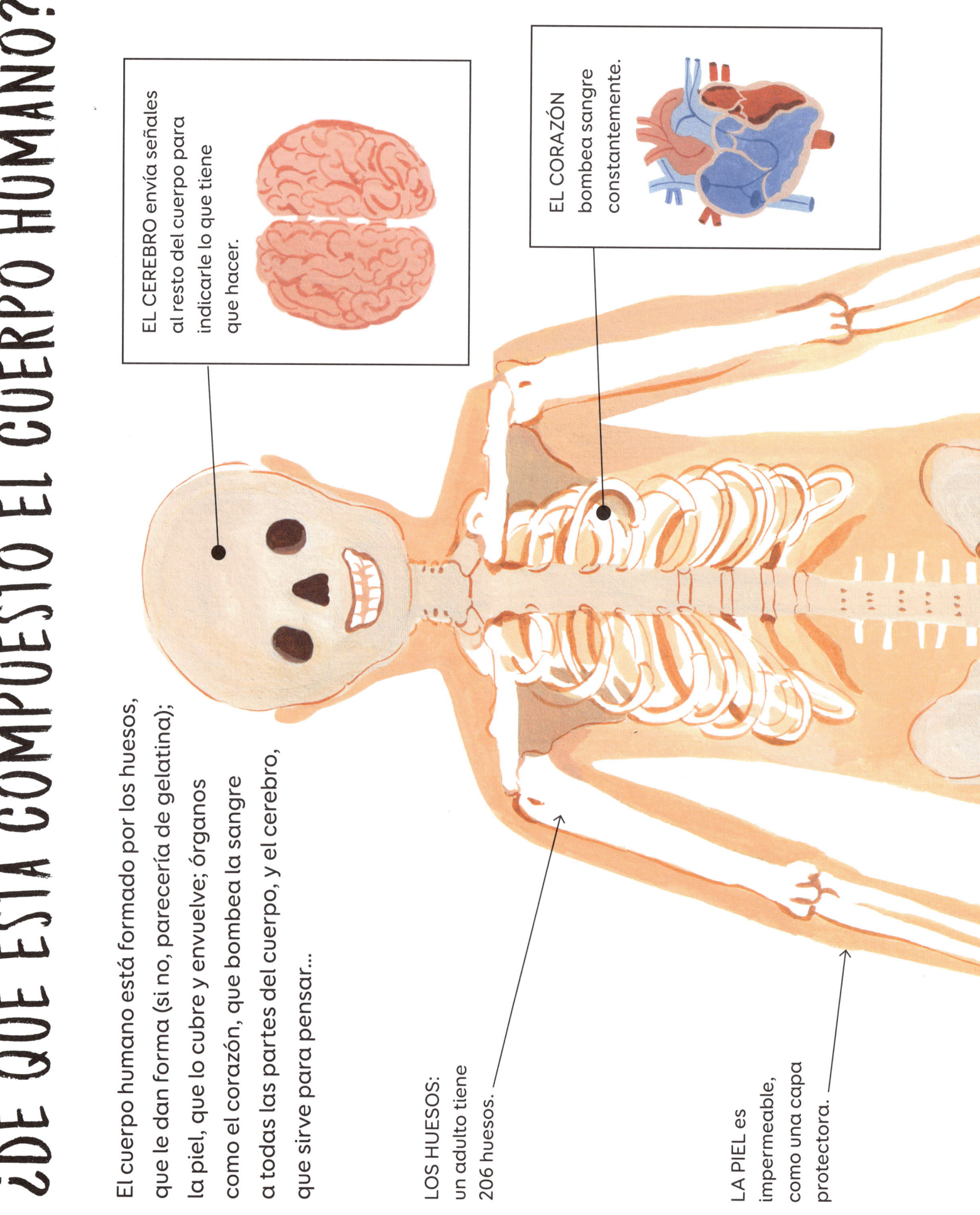

EL CEREBRO envía señales al resto del cuerpo para indicarle lo que tiene que hacer.

EL CORAZÓN bombea sangre constantemente.

LOS HUESOS: un adulto tiene 206 huesos.

LA PIEL es impermeable, como una capa protectora.

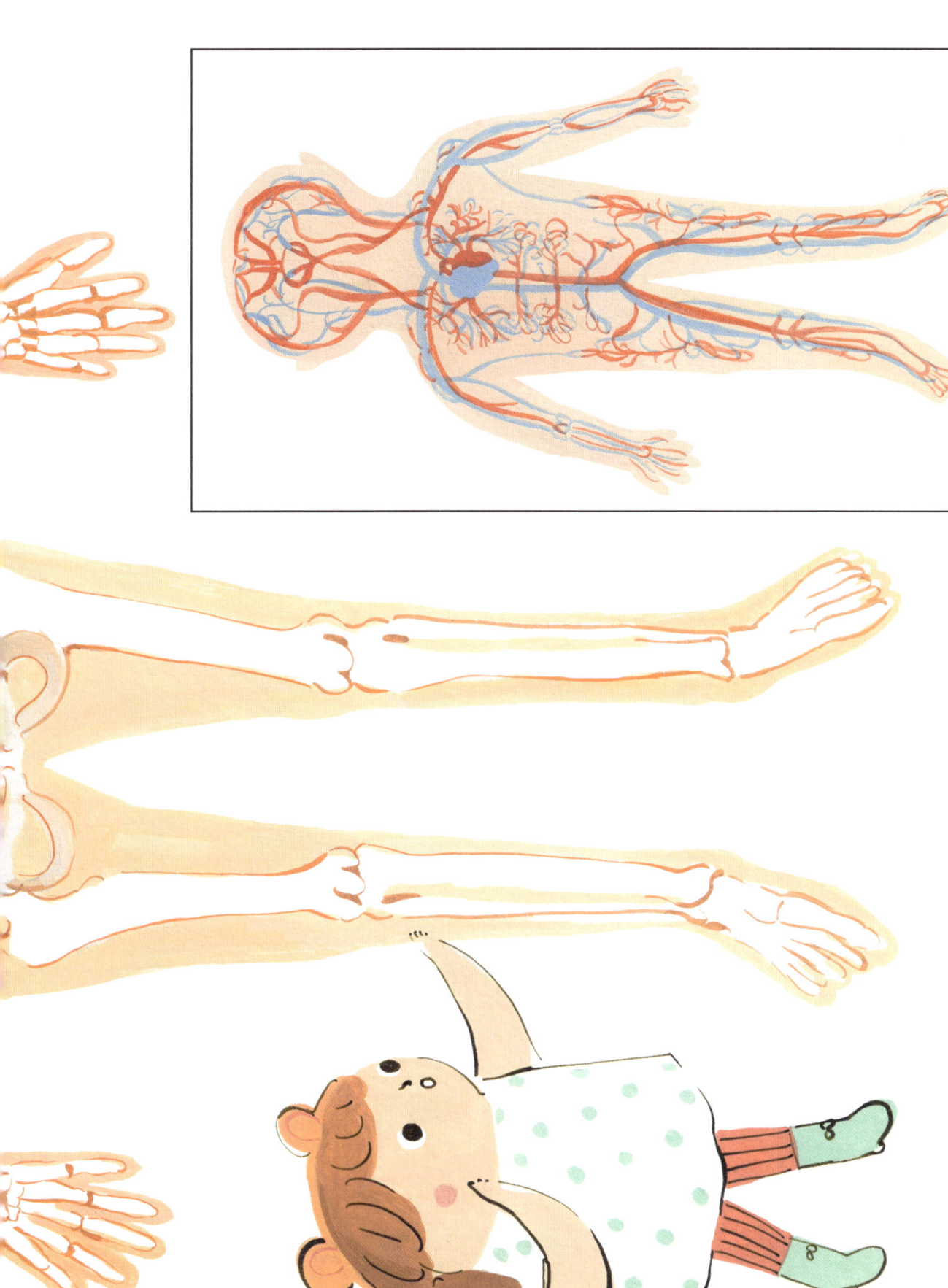

LA SANGRE transporta todo lo que necesita tu cuerpo para funcionar, como el oxígeno.

¡Así eres tú!

¿QUÉ HACEMOS LAS PERSONAS?

Las personas no podemos correr tan rápido
como un guepardo, o volar como un pájaro,
o subir por las paredes como una araña.
Pero sí podemos hacer muchas otras cosas:
podemos cantar,
bailar
pintar,
inventar cosas,
hacer deporte,
arreglar cosas,
construir,
tocar instrumentos musicales...
Incluso podemos viajar al espacio.
Pero algo que podemos y debemos
hacer TODOS es ser amables
los unos con los otros.
¡Eso siempre lo debemos hacer!

EL CLIMA

¿DE QUÉ ESTÁ COMPUESTO EL CIELO?

El cielo está compuesto por aire, vapor de agua
y pequeñas partículas de polvo flotante.
Rodea todo y se extiende por encima
de las montañas más altas, hasta el espacio.
Ahí es donde termina el aire.

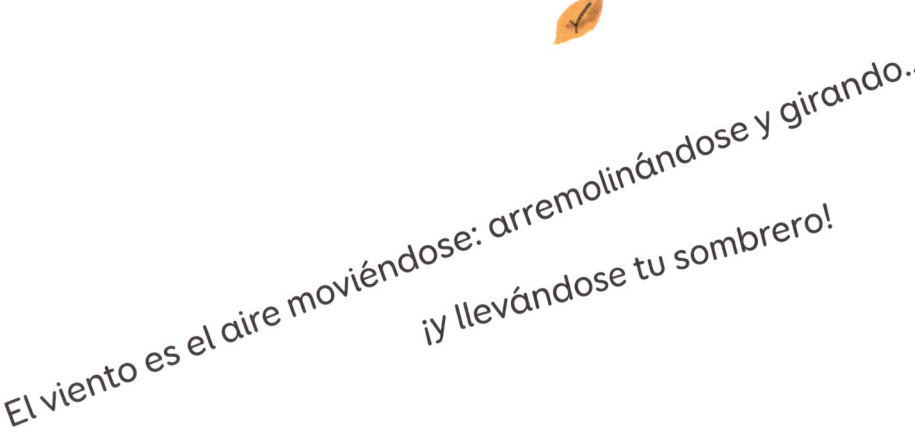

El viento es el aire moviéndose: arremolinándose y girando...
¡y llevándose tu sombrero!

El aire está compuesto de gases, que a su vez
están formados por diminutas partículas
llamadas moléculas. No puedes verlas,
pero si soplas sobre el dorso de tu mano,
podrás sentir que se mueven.

¿DE QUÉ ESTÁN HECHAS LAS NUBES?

Las nubes están formadas por vapor de agua.
Cambian de forma cuando sopla el aire.
Las formas de las nubes tienen nombres.
Aquí hay dos, para que las busques.

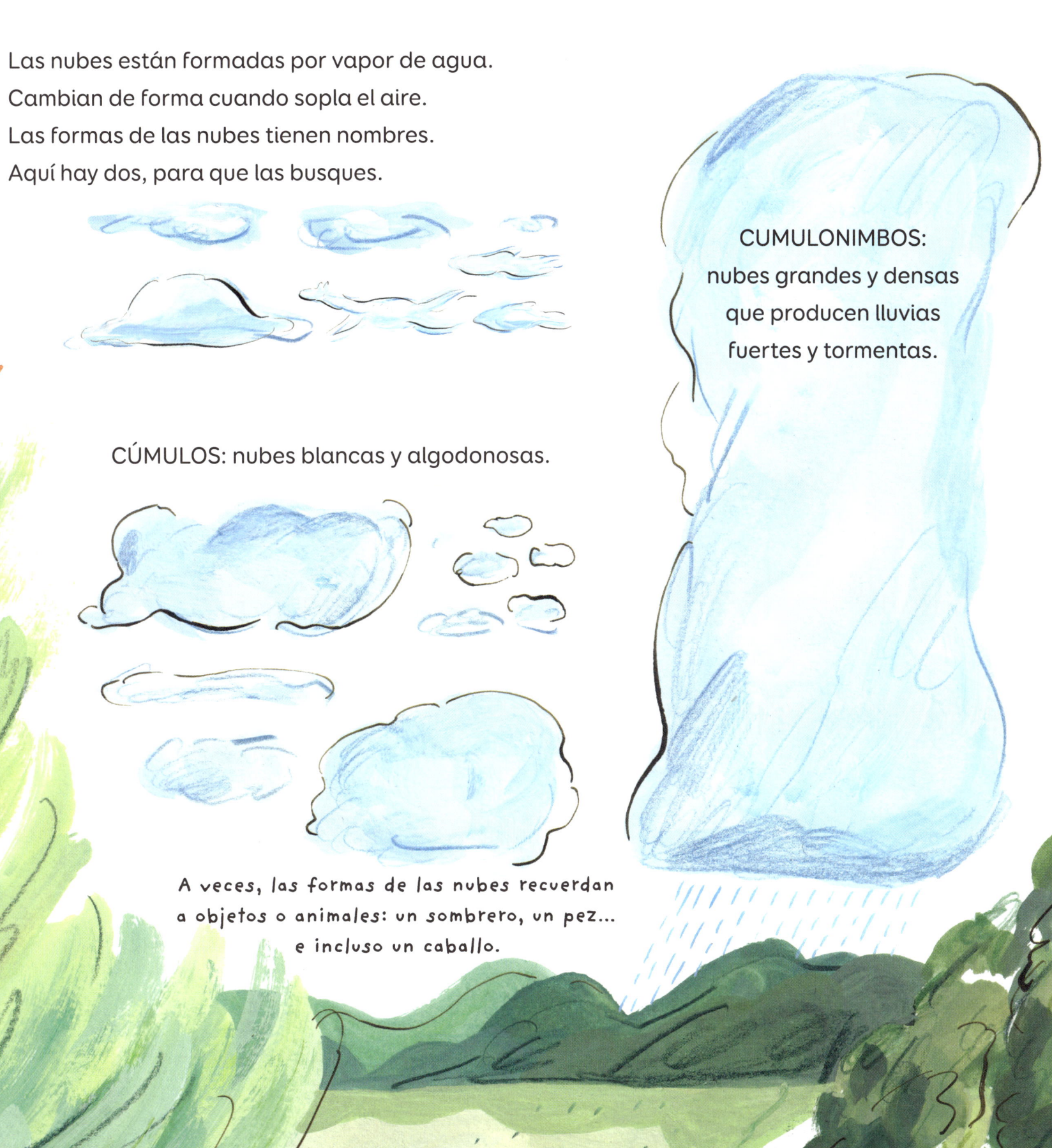

CUMULONIMBOS:
nubes grandes y densas
que producen lluvias
fuertes y tormentas.

CÚMULOS: nubes blancas y algodonosas.

A veces, las formas de las nubes recuerdan
a objetos o animales: un sombrero, un pez...
e incluso un caballo.

¿POR QUÉ LLUEVE...

1. Gotas diminutas de vapor de agua ascienden hacia el cielo desde los ríos y mares.
2. Se juntan dentro de una nube y forman gotas más grandes.
3. Las gotas se vuelven demasiado pesadas para flotar y caen de la nube en forma de lluvia.

...O TRUENA

El trueno es el sonido que produce un rayo cuando cae. Al bajar a tierra, el rayo atraviesa el aire y lo calienta mucho. La mezcla de este aire muy caliente con aire frío produce el sonido del trueno.

Los rayos se crean en las nubes, cuando las gotas de agua chocan con pequeños trozos de hielo y esto produce electricidad.
Un rayo es una línea de electricidad velocísima que sale de las nubes.

...O NIEVA?

Cuando hace mucho frío, el agua de las nubes se transforma
en diminutos trozos de hielo llamados cristales. Los cristales de hielo
se pegan al polvo que hay en el aire y se amontonan, formando copos de nieve.

Los copos de nieve se vuelven más pesados,
por lo que caen de las nubes y cubren el suelo
como un manto blanco resplandeciente.

¿POR QUÉ EL CIELO ES AZUL?

En los días soleados, la luz del sol hace que el cielo sea de color azul. La luz solar está compuesta por diferentes colores mezclados entre sí, como pintura sobre una paleta: rojo, naranja, amarillo, verde, añil o índigo (un azul oscuro cercano al morado), morado y, por supuesto, también azul.

Cuando la luz del sol viaja hacia la Tierra, rebota sobre las moléculas en el aire y entonces se divide en diferentes colores, dispersándose en todas direcciones. ¿Qué color se dispersa más? ¿Qué color baña el cielo? ¡El color azul!

A veces, al atardecer y al amanecer, la luz se dispersa de manera distinta y el cielo se vuelve rojo, rosáceo y anaranjado.

¿QUÉ ES UN ARCO IRIS?

A veces, cuando el sol brilla a través de las gotas de lluvia, podemos ver los colores de la luz. Las gotas de lluvia son como espejos diminutos: dividen la luz en siete rayas y entonces surge un arco iris en el cielo, un radiante arco de luz solar.

EL ES

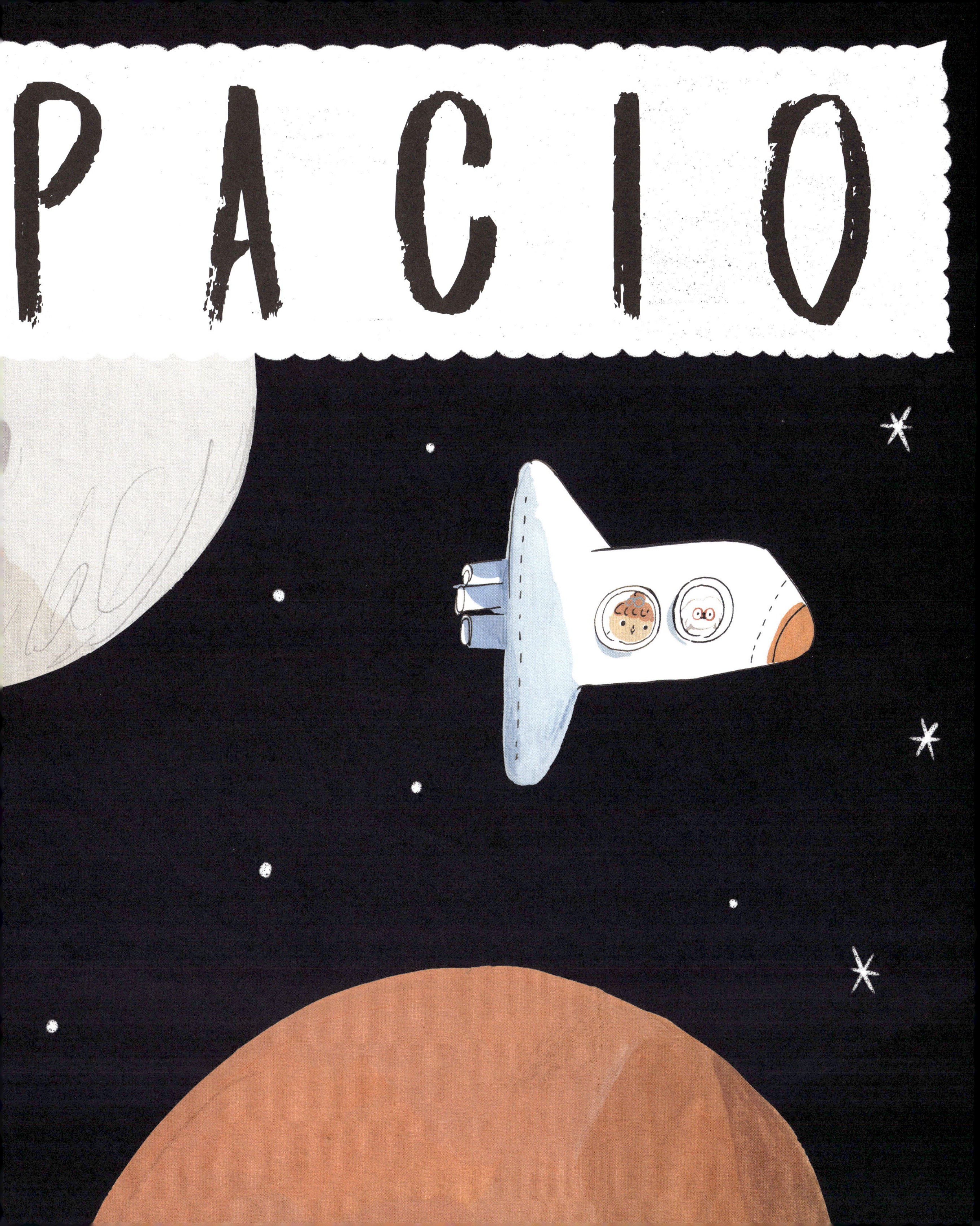
PACIO

¿QUÉ HAY EN EL ESPACIO?

El Sol es una enorme estrella formada
por gases a altísimas temperaturas.
Las otras estrellas también son enormes,
pero desde aquí parecen puntitos.
Los planetas giran en torno a las estrellas.
Nuestro planeta, la Tierra, se mueve
alrededor del Sol.
Las lunas giran alrededor
de los planetas. La Tierra
tiene su propia luna.
En el espacio flotan muchas
otras cosas: rocas
y hielo, nubes de polvo,
asteroides... y también
hay kilómetros
y kilómetros en los
que no hay nada.
En el espacio hay,
sobre todo, espacio.

¿HAY VIDA EN EL ESPACIO?

¿Podría haber monstruos gelatinosos con muchas patas y varios ojos, o quizás personas como nosotros, pero con manos luminosas y orejas de un azul intenso? No los hemos encontrado, pero queda mucho espacio por explorar, así que no podemos estar seguros de que no haya vida en él.

¿POR QUÉ SALE Y SE PONE EL SOL?

El Sol parece salir por la mañana y desaparecer por la tarde. En la antigüedad, las personas pensaban que había caballos tirando de él a través del cielo. Pero, en realidad, no es el Sol lo que se mueve: es la Tierra.

¿ADÓNDE VAN LAS ESTRELLAS DURANTE EL DÍA?

Las estrellas no van a ninguna parte: brillan con fuerza día y noche. Simplemente, no puedes verlas cuando el cielo está iluminado.

En una noche despejada, es posible ver muchas estrellas desde la Tierra. Los científicos son capaces de distinguir muchas más usando un telescopio espacial, pues con este instrumento se pueden ver estrellas que están muy lejos.

¿POR QUÉ SE OSCURECE EL CIELO POR LA NOCHE?

La Tierra rota alrededor del Sol y tarda un año entero en dar una vuelta completa en torno a él. Mientras viaja, gira sobre sí misma. Un giro completo dura un día y una noche.

día

La Tierra tarda 24 horas en girar sobre sí misma y dar una vuelta entera.

día

noche

día

noche

A veces, nuestra zona de la Tierra da hacia el Sol. Entonces es de día. Otras veces, nuestra zona de la Tierra no da al Sol. Entonces es de noche.

noche

No podemos sentir el movimiento de la Tierra porque todos viajamos con ella a la misma velocidad.

¿A QUÉ HUELE EL ESPACIO?

Los astronautas dicen que el espacio huele a metal,
como un clavo o una sartén. Sabemos que algunos
planetas tienen gases que huelen muy mal,
como vinagre mezclado con huevos podridos.
También sabemos a qué huelen los cohetes...
¡Qué olfato tienen los astronautas!

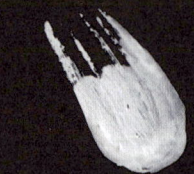

¿QUÉ SE SIENTE EN EL ESPACIO?

Caminar por el espacio es como flotar,
y por eso los astronautas entrenan en piscinas.
La próxima vez que te des un baño,
ponte los manguitos para flotar
e imagina que eres un astronauta.
«Centro de control. ¿Me oís? Estoy saliendo.
¡Me estoy moviendo por el espacio!».

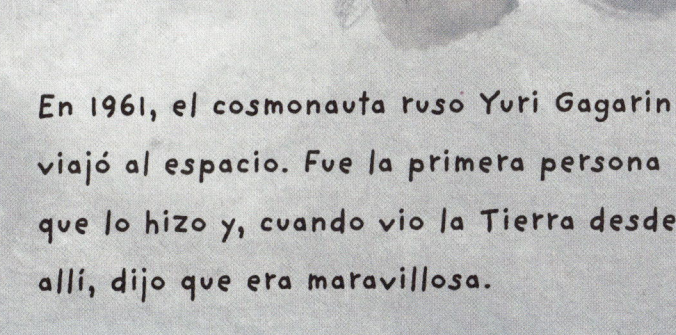

En 1961, el cosmonauta ruso Yuri Gagarin viajó al espacio. Fue la primera persona que lo hizo y, cuando vio la Tierra desde allí, dijo que era maravillosa.

¿PODEMOS IR DE VACACIONES AL ESPACIO?

Todavía no, pero puede que algún día
haya un hotel en la Luna. No habría playas,
solo rocas, y no habría bañadores, solo trajes espaciales.
Pero podrías ver algo muy especial...

... El planeta Tierra.

Constantemente se nos ocurren preguntas,
pero ahora también tenemos algunas respuestas.
¡Ya sé qué es!
¡Ya sé dónde!
¡Ya sé por qué!
¡Ya sé cómo!

¡YA SÉ QUÉ ES!

¡YA SÉ DÓNDE!

¡YA SÉ
POR QUÉ!

¡YA SÉ
CÓMO!